数学悦读 奇幻之旅 ⑫

迷人的黄金分割

本书编写组　编著

百花洲文艺出版社
BAIHUAZHOU LITERATURE AND ART PRESS

编委会

总策划　　陈　波　张元伟

学科顾问　　宋显庆

执行主编　　白　晶

编　　委（排名不分先后）

　　本套书是一座知识的宝库，一个思维的乐园。这里，数学不再是枯燥乏味的公式或定理，而是一幅幅生动的画面，一个个充满魔力的故事。

　　在这套书中，每一段故事都仿佛带你置身一个奇幻世界。孩子们可以跟随书中奇幻团队的趣趣、创创、星星，还有百花洲文艺出版社的智艺之子洲洲，穿越时空的隧道，探索数学的奥秘。他们将与数学共舞，与知识为伴，感受数学的魅力，领略数学的美和趣。他们将在生活中用数学去发现、去应用、去创新，从而提升综合素质与能力。

　　本套书是由中国教育学会小学数学教学专业委员会学术委员、人民教育出版社小学数学教科书编委、教材培训专家组建的团队倾力编写的，编写人员由正高级特级教师、省学科带头人、省骨干教师组成。所选故事都是数学的灵魂，都是智慧的结晶。本套书以生动的语言描绘出数学的无穷魅力，让孩子们在阅读的过程中，情不自禁地沉浸其中，与书中的主人公一同成长，一同探索。通过阅读这些奇幻的数学故事，孩子们的思维方式、想象力、运算能力以及分析问题、解决问题的能力都将得到培养。

目 录

趣　趣

性　格　一个充满活力和好奇心的男孩。对周围的事物保持高度的兴趣和关注。

特　长　会编程和艺术创作。精通多种编程语言，擅长绘画和设计，充满了创意和想象力。

处事类型　智能教育型。

创　创

性　格　富有创新精神和想象力的男孩。总是能够迸发出新的想法和创意，并且乐于将这些想法付诸实践。

特　长　创新设计和项目实施。具备出色的创意设计能力，能将不同的领域和元素融合在一起，创造出独特、新颖的事物。

处事类型　创新战略型。

星 星

性　　格　充满活力和热情的女孩。有自己的独特见解和追求，不轻易被他人左右。

特　　长　善于表达。具有探索新领域的能力，能做出快速反应，及时发现和解决问题。

处事类型　有效协调型。

洲　洲　百花洲文艺出版社常驻科技小灵猫

性　　格　聪明、好奇、勇敢的科技小动物。总是渴望探索新领域，发现新知识，虽然有时候有点急躁，但非常善良，乐于助人。

特　　长　机械维修，能够修复各种机械故障，熟知各类说明书。具备很强的学习能力和适应能力，能够快速适应新环境和掌握新任务。

处事类型　智能科技型。作为教育和娱乐的工具，帮助人类更好地了解科技知识，提高科学素养。

1 他是怎么知道的？

椰子成熟后重量增加的同时又受地心引力的影响，就会自己掉下来！

怪不得刚刚有位阿姨告诉我，不要站在椰子树下。

在海边度假可真惬意啊！

哎呀！椰子怎么自己掉下来啦？

被这么高的树上掉下来的椰子砸到是很危险的。

我们来量一量吧！可是应该怎么量呢？

椰子树到底有多高呢？

我们可以借鉴泰勒斯巧测金字塔的方式来测量椰子树。

泰勒斯被称为古希腊的第一位哲学家。有一天，一名贵族子弟向他提出一个难题："你能算出金字塔有多高吗？"泰勒斯一时没想出好办法，于是请求给他 5 天的时间思考。

星星，给我们讲讲泰勒斯的故事吧！

这算难题吗？直接爬到金字塔顶去量就好啦！

金字塔象征的是帝王的权力，所以一般人是不能爬上塔尖的。而且它非常高，还是一个锥形物体，即使允许爬塔，也很难测量出它的精确高度。

难道泰勒斯是用一把超级长的尺子量的？

我读过的一本书中有这个故事，我们一起来看看吧！

我猜泰勒斯使用了魔法！

快看快看，是泰勒斯！

奇怪，泰勒斯只带了简单的绳和尺子。

咦，他怎么在测量自己的身高和影子的长度？

你们看，阳光将他的影子投射在地上，也将金字塔的影子投射在地上。他想利用比例来测量金字塔的高度。

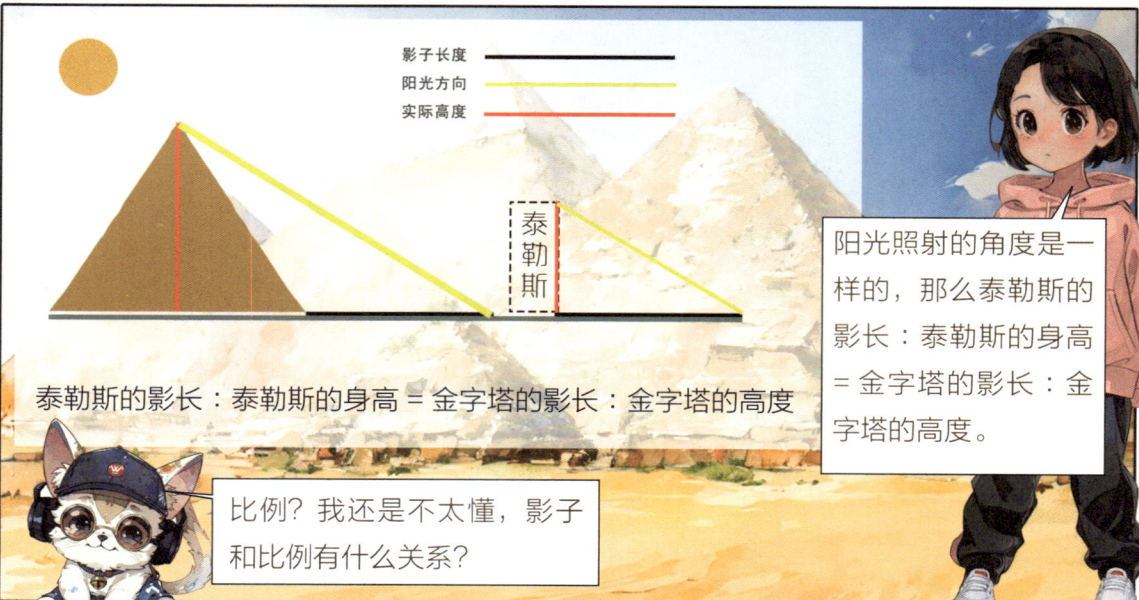

影子长度
阳光方向
实际高度

泰勒斯

阳光照射的角度是一样的，那么泰勒斯的影长：泰勒斯的身高＝金字塔的影长：金字塔的高度。

泰勒斯的影长：泰勒斯的身高＝金字塔的影长：金字塔的高度

比例？我还是不太懂，影子和比例有什么关系？

终于等到影子的长度与他身体的长度一样长时，泰勒斯让助手在金字塔影子顶端的位置做了一个标记。

现在泰勒斯只要测量出这个标记到金字塔底端的距离，就能知道金字塔的实际高度了。

这是为了找到影子长度与他的身体长度一样长的时候。

瞧，他在不停地测量自己影子的长度呢。

泰勒斯的影长：泰勒斯的身高 ＝ 金字塔的影长：金字塔的高度

为什么利用这种方式就能测量出金字塔的高度呢？

泰勒斯在影子与身高相同的时候做标记，也就是泰勒斯的影长：泰勒斯的身高的比值为 1，那么同理，金字塔的影长：金字塔的高度的比值也是 1。

这个时候，金字塔的影子长就等于金字塔的实际高度。

太神奇了！

泰勒斯不愧是古希腊七贤之一。

我的身高是 1.5 米，等到我的影长也是 1.5 米的时候，记录下椰子树的影长，这时椰子树的影长就等于椰子树的高度啦！

可是这会儿太阳快下山了，影子的长度不但比身高长，而且会越来越长，那是不是要等到明天才能测量？

我们用泰勒斯的方法来测量椰子树的高度吧！

别慌，你们想想，难道一定要等到人的影长和身高相等时，才能测出椰子树的高度吗？

我想到啦！比值不一定要为 1，只要这个比例成立，比值可以是任何数。

可是不相等时，要怎样测量椰子树的高度呢？

没错，也就是只要知道"人的影长∶身高＝树的影长∶树高"就可以了。

创创的身高是 1.5 米，现在的影长是 2.5 米，椰子树的影长是 30 米。那么 2.5：1.5 = 30：椰子树的树高。

树高就可以算出来啦。

是的，可以运用比例的基本性质，在比例里，两个外项的积等于两个内项的积。

给我们再仔细讲讲吧。

外项
2.5：1.5 = 30：(   )
内项
2.5 × (   ) = 1.5 × 30
2.5 × (   ) = 45
(   ) = 45 ÷ 2.5
(   ) = 18

在比例中找到两个外项和内项，分别相乘，积相等。用这个方法可以求出树高。

星星你真厉害！

原来这棵椰子树高 18 米。

数 学 在 线

中国比例算法出现很早，它产生于远古时的物物交换，那时候它被称为"比率"或简称"率"。比例作为一个数学术语，表示两个或多个比相等的式子。在比例里，两个外项的积等于两个内项的积，这叫作比例的基本性质。这个概念最初源于均分的需要，反映了部分—整体的数量关系。随着时间的推移，比例的概念逐渐扩展到更广泛的数学及生活领域。

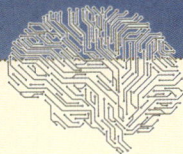

数 学 脑 洞

　　这天，趣趣无意中发现了一架神奇的飞船！只要在飞船的仪表盘上输入有关"比"的指令，就可以使飞船按照比值变大变小，简直是太有趣了！你想试试吗？请阅读说明书后进行尝试吧！

　　说明书：

① 输入指令时需要满足"（　　）：1"或"1：（　　）"的格式。

② （　　）：1，飞船将按输入的数据放大至相应的倍数。

③ 1：（　　），飞船将按输入的数据缩小至相应的几分之一。

请输入指令：（　　）：1　　　　请输入指令：1：（　　）

原始直径：3 米　　　　　　　　原始直径：3 米

变形后直径：（　　）　　　　　变形后直径：（　　）

2 迷人的黄金分割

星星你背的是什么呀?

人闲桂花落,夜静春山空。月出惊山鸟,时鸣春涧中。

我背的是唐代诗人王维的《鸟鸣涧》,这首诗描写的是春夜的美丽景色。

描绘春天的除了诗还有名画呢,比如《早春图》,描绘的就是早春时节的山中景象。

《早春图》?

《早春图》是北宋宫廷画家郭熙创作的一幅绢本设色画，其主要景物集中在中轴线上，以全景式高远、平远、深远相结合，表现初春时北方高山大壑的雄伟气势，渲染出画面静谧而生机勃勃的氛围。《早春图》的画面内容巧妙地运用了黄金分割的比例，作品极为优美。

是用黄金来切东西吗？

什么是黄金分割？

注：B ：(A + B) = A ：B ≈ 0.618

黄金分割是指将一条线段分成两段，长段与整段之比等于短段与长段之比，其比值约为 0.618。

之所以被称为黄金分割，是因为它被广泛应用于艺术和自然界中，被认为是最能引起美感的比例关系。并不是真的黄金哦。

原来是这样。

我们快去博物馆欣赏《早春图》吧！

中国山水画重意境，山水画的意境，是作品通过对时空景象的描绘，在情与景高度融汇后所体现出来的艺术境界。由于中国山水画"重意境"的特点，即使画中有些部分的比例不是精确的黄金分割比例，也能给人以美的享受。

真是百闻不如一见呀！细细品味其中的细节，仿佛走入了画中。

让我来比画比画，是不是真的符合黄金分割？

果然和星星说的一样，画中蕴含着各种黄金分割的比例，整幅画给人自然舒适的感觉。

原来艺术中有这么多的数学知识。

19

大家快来看，这边还有一幅《溪山行旅图》，是不是也运用了黄金分割？

我发现了！这幅图里的主山大约占整个画面的 $\frac{2}{3}$。

$\frac{2}{3}$ 和黄金分割的比值 0.618 有什么关系呢？

0.618 写成分数形式 $\frac{618}{1000} = \frac{309}{500} \approx \frac{5}{8}$，将 $\frac{5}{8}$ 和 $\frac{2}{3}$ 通分后，得到 $\frac{15}{24}$ 和 $\frac{16}{24}$，十分接近。

$$0.618 = \frac{618}{1000} = \frac{309}{500} \approx \frac{5}{8}$$

$$\frac{5}{8} = \frac{5 \times 3}{8 \times 3} = \frac{15}{24}$$

$$\frac{2}{3} = \frac{2 \times 8}{3 \times 8} = \frac{16}{24}$$

还有中景溪流的位置。

我们都被黄金分割迷住啦。

我也发现了，主山与中景接洽的位置也很接近黄金分割线。

画中蒙娜丽莎的脸型接近于黄金矩形，头宽和肩宽的比接近于黄金比例。如果我们画一条黄金螺旋，这条黄金螺旋可以经过蒙娜丽莎的鼻孔、下巴、头顶和手等重要部位。

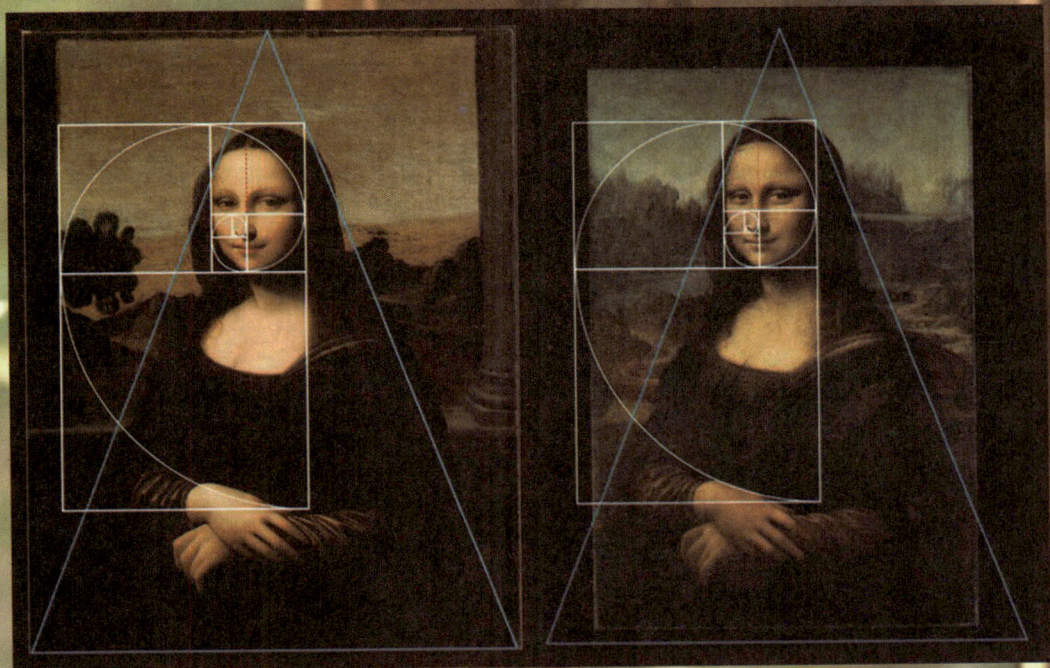

还有什么画运用了黄金分割呢？

我还知道著名画家达·芬奇的名画《蒙娜丽莎》《最后的晚餐》中也存在大量的黄金分割。

西方人物画充分运用了黄金分割。

原来画里的学问这么多呀！

数学在线

大自然是一位神奇的造物主，其实黄金分割也存在于大自然中。

爱美的蝴蝶的腹部末端，正好处于触角头部至翅膀尾部的黄金分割点处，使得蝴蝶看起来姿态轻盈、惹人爱怜。

鹦鹉当然也不甘落后，它的尾上覆羽的末端也刚好位于头部至尾羽末梢的黄金分割点，所以人们常说鹦鹉拖着一条扇子似的尾巴，看起来美丽极了！

数学脑洞

　　有些植物的叶片上也存在黄金分割（如图，B ：A 的比值接近黄金比）。自己到大自然里找一找，并动手测量与计算一下，看看你还能发现哪些大自然里的黄金比。

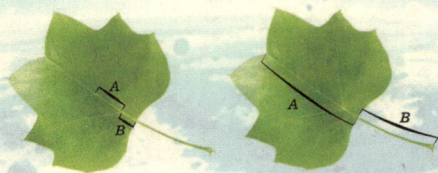

细心的你还能发现大自然中更多的黄金分割吗？

3 走，一起去农场！

这个大鸡腿真香啊……鸡腿在手，其他的菜通通靠边！

刘叔叔说他的农场里有各种家禽和蔬菜，邀请我们去参观呢。

我们去农场看看吧。

那还等什么，快出发吧！

看，那里有小鸡、小鸭和大白鹅。

到啦到啦！

这个农场养了不少鸡、鸭、鹅呢。

快去找刘叔叔吧。

小朋友们，欢迎来到快乐农场！我们农场养了1100只鸡、500只鸭、400只鹅，三种家禽合起来正好有2000只！

谢谢刘叔叔的介绍。这么说来，鸡的数量足足占了家禽总数的55%呢。

55%是百分数。那鸭和鹅的数量是不是也能用百分数来表示？

当然可以，用鸭或鹅的数量除以总数量，再乘100%，可以计算出每种家禽所占的百分比。

家禽的数量 ÷ 总数量 × 100% = 占比情况

鸡：1100 ÷ 2000 × 100% = 55%

鸭：500 ÷ 2000 × 100% = 25%

鹅：400 ÷ 2000 × 100% = 20%

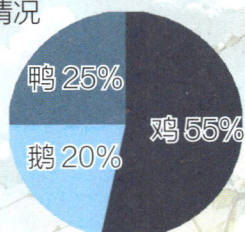

鸭 25%

鸡 55%

鹅 20%

扇形统计图也称"饼图"，图中的圆表示家禽的总数，也就是单位"1"，即 100%。

我们可以用扇形统计图来表示结果，这样就更直观了。

扇形统计图？

其中的各个扇形分别表示三种家禽所占的百分比。

可以看出，鹅的数量最少，占 20%，鸡的数量最多，占 55%。

我来考考你，25% 这个百分数，表示的是哪两个数量之间的关系呢？

这可难不倒我，它表示的是鸭的数量与所有家禽数量之间的关系，对吧？

太棒了，你们不仅好学，而且善于思考，给你们点赞！

对的，这里种了西红柿、萝卜、黄瓜、茄子和油麦菜，都是健康又营养的蔬菜。

这里种的是蔬菜吗？

这么多种蔬菜，分别种了多少呢？

按种植面积算，西红柿 12 亩，萝卜 7 亩，黄瓜 5 亩，茄子 9 亩，还有油麦菜 17 亩。

"亩"是土地面积的计量单位，1 亩大约是 666.67 平方米。

"亩"是什么意思？

我把这些蔬菜的种植面积记录在统计表里啦。

快乐农场蔬菜种植面积统计表

蔬菜种类	西红柿	萝卜	黄瓜	茄子	油麦菜
种植面积/亩	12	7	5	9	17

你可以根据这张表绘制出条形统计图吗？

条形统计图？我来试试。

条形统计图可以清楚地反映出数量的多少，便于数量间的比较。

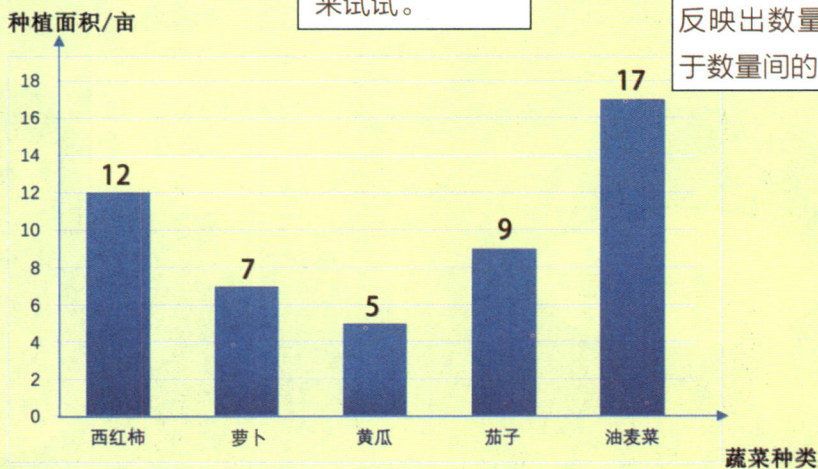

我们还可以计算出各种蔬菜的种植面积占总面积的百分比。

像计算家禽的数量占比一样，用每一项的种植面积÷总面积×100%，就能得出占比情况。

先算出总面积 =12+7+5+9+17=50（亩）

蔬菜种类	西红柿	萝卜	黄瓜	茄子	油麦菜
种植面积 / 亩	12	7	5	9	17
百分比	24%	14%	10%	18%	34%

那我们来试试绘制扇形统计图吧。

我们还可以用扇形统计图来表示百分数。

扇形统计图不仅能直观反映每个部分占整体的百分之几，还能反映部分与部分之间的关系。

今天认识了像"大饼"一样的扇形统计图，它既可以表示出数量的多少，又可以清楚地反映部分与整体的关系，真有意思！

数学在线

扇形统计图是用整个圆来表示总数，圆内各个扇形的大小来表示各部分数量占总数的百分之几。通过扇形统计图可以清楚地表示出各部分数量与总数之间的关系，也可以直观地看出各部分数量的大小关系。

在生活中，扇形统计图的应用也很广泛。它能提高我们在日常生活中读懂各种统计信息的能力，是统计与概率的重要知识！

以下是地球各陆地面积比例示意图和地球上四大洋面积比例示意图。

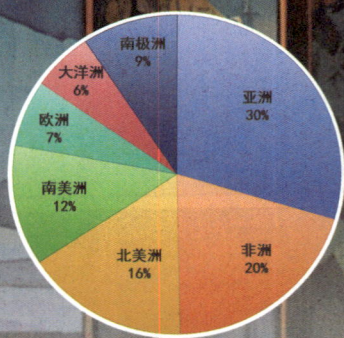

地球各陆地面积比例示意图

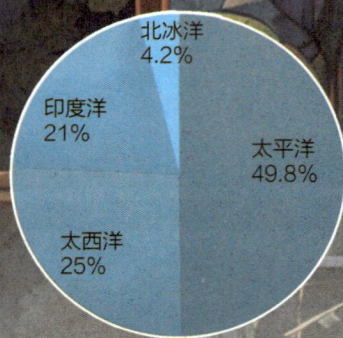

地球上四大洋面积比例示意图

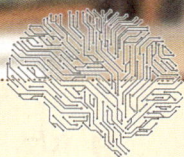

数 学 脑 洞

如果你要开一家火锅店，你想从哪几个方面进行开店调研？（选址、口味、菜品、价格……）怎样才能使你的火锅店受人欢迎？请自主选择一个方面，用你学过的知识进行统计分析吧！

4 古建筑千年不倒的秘密

星星你在看什么呢?

我正在看中国古建筑。你们知道古建筑千年不倒的秘密是什么吗?

不知道。

千年不倒?

古代建筑中支撑房子重量的是梁与柱。其中柱子起到了主要的承重作用，中国古代建筑千年不倒，就是柱子的功劳。

太棒了！出发咯。

我们一起去故宫，探一探古建筑的秘密吧。

观察大殿的柱子，你们有没有发现大部分是圆柱形的？

没错，古代建筑大多使用圆柱形柱子，与其他棱柱相比，它的承重能力更强。

哇！

圆柱的承重能力这么强吗？

我们做个实验验证一下吧。

众人回到家中立即做起了实验。

拿出硬卡纸我们来围一个长方体和一个圆柱，验证一下哪个形状作柱子的承重能力更强。

趣趣，我们应该用同样大小的卡纸来围，这样才可以保证柱子的高度和底面周长相同。

是的呢，这样才能更准确地比较出两者的承重能力。

用同样大小的卡纸围成的立柱承重能力排序：圆柱＞长方体

超级行动派创创已经开始行动了，同学们，你们也试试吧！

不愧是圆柱，承重能力就是强。

为什么圆柱形的卡纸，可以支撑更多的书呢？

实验中观察到，长方体承重时，几条折叠过的边受力最大，所以最后被压塌时，都是某一条边支撑不住。而圆柱体没有折叠的边，重物的压力均匀地分散到整张纸上，因此相比长方体可以支撑起更多的书。

数 学 在 线

同学们，你知道水桶为什么做成圆柱形吗？我们来研究研究吧。

有一个底面是正方形的长方体容器和一个圆柱形容器（都有盖），它们的底面周长都是 62.8 厘米，高都是 20 厘米，做这两个容器，各需要多少平方厘米的铁皮？这两个容器的容积各是多少？

长方体表面积：$62.8 \times 20 + (62.8 \div 4)^2 \times 2 = 1748.98$（平方厘米）

长方体体积：$(62.8 \div 4)^2 \times 20 = 4929.8$（立方厘米）

圆柱表面积：$62.8 \times 20 + 3.14 \times (62.8 \div 3.14 \div 2)^2 \times 2 = 1884$（平方厘米）

圆柱体积：$3.14 \times (62.8 \div 3.14 \div 2)^2 \times 20 = 6280$（立方厘米）

圆柱形容器用料比长方体容器用料增加了：$(1884 - 1748.98) \div 1748.98 \approx 7.72\%$

圆柱形容器的容积比长方体容器的容积增加了：$(6280 - 4929.8) \div 4929.8 \approx 27.39\%$

对比发现，虽然做圆柱形容器所用材料比长方体容器多一点，但圆柱形容器的容积却比长方体容器增加了许多。这就说明，用同样面积的材料做容器，圆柱体比长方体的容积大。也就是说，把水桶做成圆柱形，主要原因是用料省，容量大。

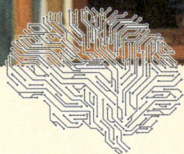

数学脑洞

你还见过什么物品是做成圆柱形的？试着分析一下做成圆柱形的优势吧！

5 数字朋友在哪里?

41

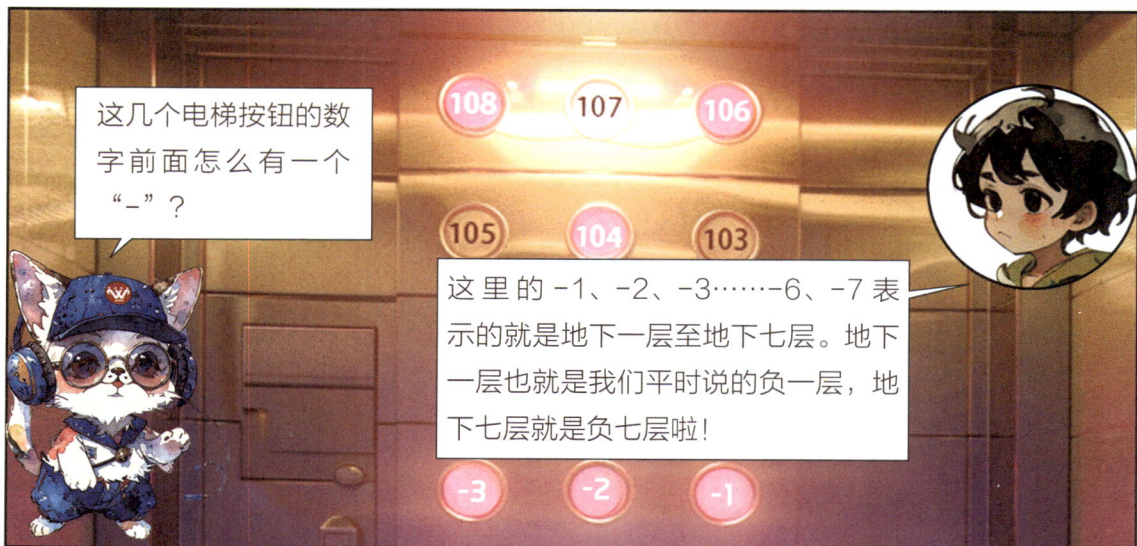

这几个电梯按钮的数字前面怎么有一个"-"？

这里的 -1、-2、-3……-6、-7 表示的就是地下一层至地下七层。地下一层也就是我们平时说的负一层，地下七层就是负七层啦！

108　107　106

105　104　103

-3　-2　-1

我们以前学过的 1、2、3、4……这些都是正数，还有另一种在前面添上负号"-"表示相反意义的数，如：-1、-4、-700、-3.9 ……这些都是负数。

我们所在的这座中国尊大厦，深度有 40 米，我们应该用"40米"还是"-40 米"来表示深度呢？

应该是"-40 米"，因为地下的深度表示的是和地上高度相反的意思，所以要加上"-"才对！

哦，我明白了，原来负数就是和正数反着来呀，像趣趣一样淘气！

42

创创，你能用学过的古诗来形容自己的感受，给你点赞哦！

哇！从108层往下看，感觉马路上的汽车就像一只只小蚂蚁。

原来"一览众山小"是这种感觉！

由于大气的主要热源是在地球表面，距离地面越远，气温就越低，也就是说气温会随高度的增加而降低。

我也想到一句古诗！我感觉站在这么高的地方有些"高处不胜寒"。

为什么在高处会"不胜寒"呢？

我知道哈尔滨的气温即使不站在高处也很低。

天气预报

哈尔滨最高气温：9℃

哈尔滨最低气温：-22℃

这里的-22℃表示零下22摄氏度，而9℃表示零上9摄氏度，也可以直接说9摄氏度。

什么是"零上"和"零下"？

"-"这个符号我在天气预报上也看过。

物理中，在1个标准大气压下，冰水混合物的温度为0℃。零上表示温度是大于0℃的，在数字前加"+"（正号）表示，而"+"一般可以省略不写。零下表示温度是小于0℃的，在数字前面加"-"（负号）表示。那可以说表示温度数字的正负分界点就是0℃。

那么0是正数还是负数呢？

0既不是正数，也不是负数哟！

最高 9℃，最低 -22℃，那这一天的温差是多少呢。

22-9=13，温差是 13℃。

洲洲，不是 13℃哟。-22℃到0℃相差 22℃，0℃到 9℃相差 9℃，22℃ +9℃ =31℃，温差应该是 31℃。

我们在计算昼夜温差时，如果是同号数值的温度得相减，不同号数值的温度得相加。

洲洲，你说对啦！

我知道了，-22℃和 9℃不同号，所以去掉正负号后直接用加法相加就可以。

数 学 在 线

　　小伙伴们，你们知道吗？据史料记载，早在两千多年前，中国就有了正负数的概念，提出负数概念的是我国古代的数学著作《九章算术》。负数可以广泛应用于温度、楼层、海拔、水位、盈亏、增产 / 减产、支出 / 收入、得分 / 扣分……细心的你能找到生活中多少负数呢？

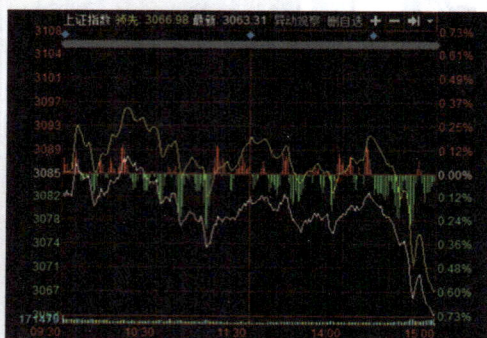

2024年6月 ∨		支出 ¥5049.40　收入 ¥4365.00
杭州青奇 6月26日 09:36		-2.50
林淼我爱我佳 6月25日 20:44		-33.00
江西财富广场有限公司 6月23日 20:35		-107.34
美团平台商户 6月22日 21:50		-20.00
游戏玩家 6月22日 19:14		-7.52
小太阳双子塔店 6月22日 19:02		-15.00

数学脑洞

位于罗马尼亚第二大城市克卢日－纳波卡，有一个创下世界纪录的图尔达盐矿主题公园，它的深度可达 37 层楼。如果地面的高度为 0，高于地面的物体高度为正，低于地面的物体高度为负，假设一层楼的高度为 3 米，那么地下 37 层的深度可以怎么表示呢？

6 "干饭"引发的思考

哇，好香啊。

这是万年贡米。

万年贡米?

星星，你们在吃什么呢?

万年贡米产自江西省上饶市的万年县，这里的气候温和湿润，四季分明，日照时间长，降水充足，被誉为我国的"贡米之乡"。万年贡米原名"坞源早"，据传明正德七年成为皇宫内廷贡米。

生长周期 180 天左右
稻秸秆长 180cm 左右
亩产在 180 公斤左右
比普通大米亩产量约低六成

哇，这秸秆好高啊。

看这里有介绍。

成数表示一个数是另一个数的十分之几，通称"几成"。六成就是十分之六，写成百分数是60%。"产量约低六成"的意思就是"坞源早"的亩产量比普通大米约少60%。

假设今年"坞源早"的亩产量是180公斤，普通大米的亩产量大约是多少？

产量约低六成是什么意思？

"坞源早"的亩产量比普通大米亩产量约少60%，那就约是普通大米亩产量的40%。所以，应该是 $180 \div (100\% - 60\%) = 450$（公斤）。

星星，你算得真快！

我们上网看看万年贡米的价格吧!

看看有什么优惠活动。我发现这两家店铺都有促销活动。

优惠活动:

A 店铺:全场八五折

B 店铺:满 100 元减 20 元

原价都是 138 元一袋,哪家更划算呢?

我们来算算吧!

我来算 A 店铺，"全场八五折"就是按原价的 85% 出售。

A 店铺
138×85%=117.3（元）

我来算 B 店铺，"每满 100 元减 20 元"就是每满 100 元就减 20 元，不满 100 元的零头部分不优惠。

B 店铺
138 元有 1 个 100 元可以减 20 元。
138-20=118（元）
117.3 元＜118 元，A 店铺更划算。

商家经常设置各种促销活动，他们会不会亏本呢？

数学真有趣。

　　成数，表示一个数是另一个数的十分之几，与折扣中的几折表示原价的十分之几类似，通称"几成"。涉及成数的实际问题一般是以"增加几成""减少几成"的形式呈现。例如，今年我省小麦比去年增产两成……

　　成数的概念在农业生产中有着广泛的应用。在农业生产中，粮食、棉花、蔬菜等农作物的收成和产量，经常用"成数"来表示。现在，成数也用来表示各行各业的发展变化情况。

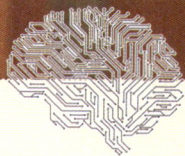

数学脑洞

同学们，我们一起来探究一下商家设置各种促销活动会不会亏本的问题吧。

某服装店正准备搞清仓大甩卖。以某款羽绒服为例：进货 100 件，进价 350 元，售价 400 元，现在还剩 20 件，准备打五折出售。这批羽绒服会亏本吗？算一算，比一比吧。

答案：

这批羽绒服的成本：350×100=35000（元）

目前已经收回：400×（100-20）=32000（元）

剩下 20 件可以收回：400×50%×20=4000（元）

共收回：32000+4000=36000（元）

36000-35000=1000（元）

这批羽绒服没有亏本，赚了 1000 元。

7 数学预言家

这可是我的秘密哦。

哇，真的耶，你是怎么知道的？

这是抽屉原理，人类的性别就两种，男或女。根据"最不利原则"，前两人性别不同，那第三位无论是男还是女，都会和前面的人同性别。

嘿嘿，被发现了。

我来说一个，预言家，你来预测一下。

班上有 39 个人，请预测一下至少有几个人出生月份相同。

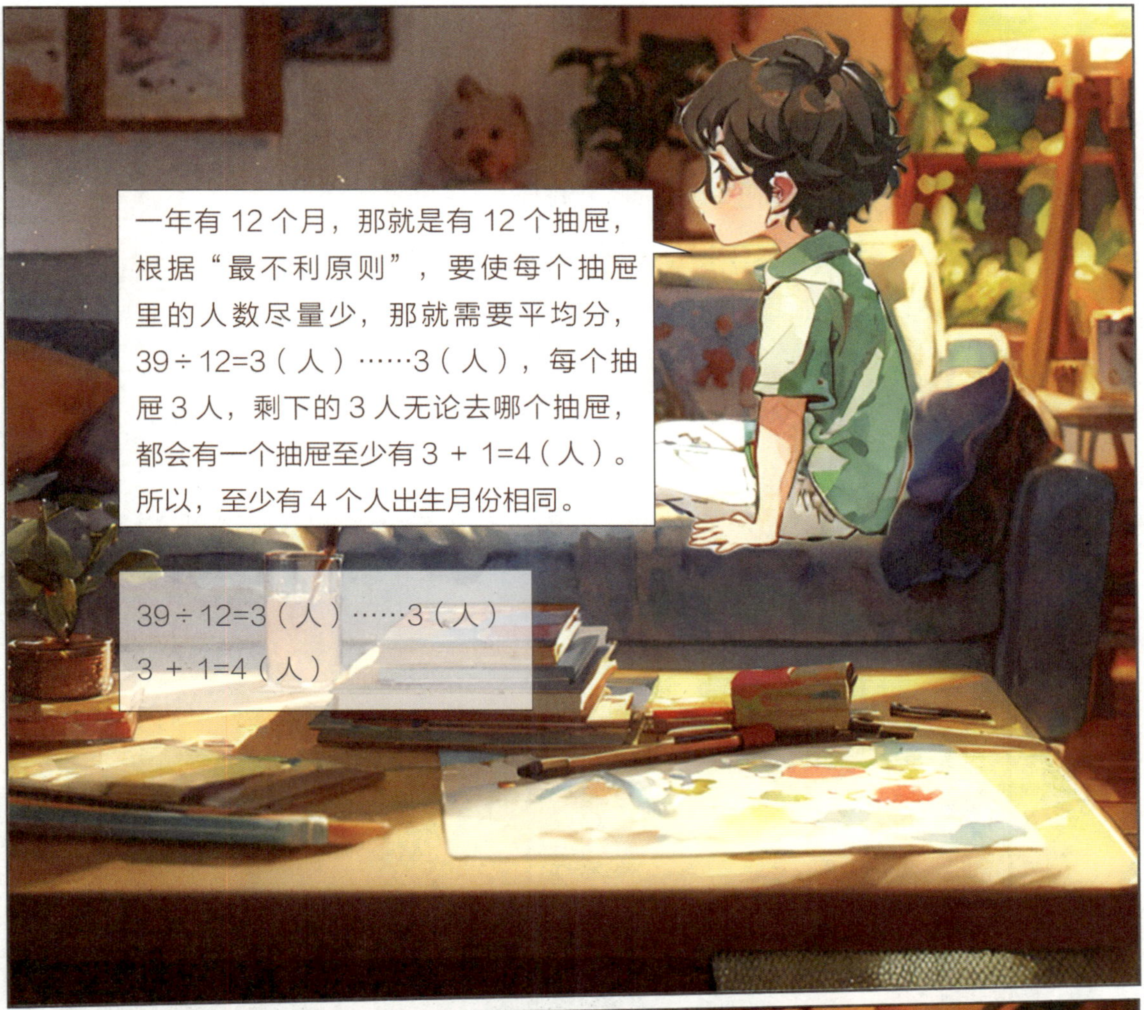

一年有 12 个月，那就是有 12 个抽屉，根据"最不利原则"，要使每个抽屉里的人数尽量少，那就需要平均分，39÷12=3（人）……3（人），每个抽屉 3 人，剩下的 3 人无论去哪个抽屉，都会有一个抽屉至少有 3 + 1=4（人）。所以，至少有 4 个人出生月份相同。

39÷12=3（人）……3（人）

3 + 1=4（人）

我国宋代学者费衮在《梁溪漫志》一书中就讲述了抽屉原理。

若生时无同者，则一时生一人，一日生十二人。以岁记之，则有四千三百二十人；以一甲子计之，止有二十五万九千二百人而已。今只从一大郡计，其户口之数尚不减数十万，况举天下之大……生时同者必不为少矣。其间王公大人始生之时则必有庶民同时而生者，又何贵贱贫富之不同也？

梁溪漫志

文中就谈论了"抽屉原理"，把 m×n + 1 个物品放到 m 个抽屉里，总有一个抽屉里至少有 n+1 个物品。

这篇文章告诉世人"人不分贵贱贫富"。

在这篇文章中把一个人出生的年、月、日、时作为"抽屉"，以天下之人为"物品"，进入同一抽屉的人必然千千万万，因而结论是同时出生的人为数众多。既然出生时辰相同，又哪里有贵贱贫富的不同？

这就是抽屉原理？真有趣。

抽屉原理是由德国数学家狄利克雷于 1834 年提出的。把五个苹果放进四个盘子里，无论怎样放，总有一个盘子里面至少有两个苹果。这一现象就是我们所说的"抽屉原理"，它是组合数学中的一个重要原理。

在我国古代文献中有很多利用"抽屉原理"来分析问题的例子，如清代钱大昕《潜研堂文集》、阮葵生《茶余客话》、陈其元《庸闲斋笔记》等著作中都有体现。但由于并没有把这个原理总结成普遍原理，最后不得不将这一原理冠以西方学者狄利克雷的名字。

数 学 脑 洞

同学们，和你的小伙伴一起来玩预言家的游戏吧。一副去掉大小王的扑克牌中（还剩下 52 张）：

（1）任意摸出 9 张，你能预测至少有几张是同花色的吗？

（2）任意摸出 13 张，你能预测至少有几张是同颜色的吗？

（3）任意摸出 30 张，你能预测至少有几张是同点数的吗？

答案：

（1）共有 4 种花色，9÷4＝2（组）……1（张），2＋1＝3（张）
至少有 3 张是同花色的。

（2）共有 2 种颜色，13÷2＝6（组）……1（张），6＋1＝7（张）
至少有 7 张是同颜色的。

（3）共有 13 种点数，30÷13＝2（组）……4（张），2＋1＝3（张）
至少有 3 张是同点数的。

8 壁画中的数学

你知道吗，漫画是从连环画演变而来的。在东汉墓的壁画中有表现完整故事的连环画，比如壁画《二桃杀三士》。

这本漫画故事真有趣！

《二桃杀三士》，好想去看看。

我们出发吧！

《二桃杀三士》壁画上的故事发生在春秋时期的齐国，晏婴用两个桃子巧妙地除掉三个对齐国有威胁的勇士，展现了他的智慧和政治手腕。

这画像真是栩栩如生啊，我好像就在事发现场。

只用两个桃子？

对的。景公在宫中宴请晏婴和公孙接、田开疆、古冶子三位勇士。

景公使人奉上两个桃子，让三名勇士"计功而食桃，功高者得食"。首先公孙接起身拿桃，接着田开疆也报功挑桃，古冶子虽然没能拿到桃子，却说了一段话，让公孙、田二人羞愧难当，拔剑自刎。古冶子意识到二子已亡，自己独生则不仁不义，不死则是一种无勇的表现，接着也自杀身亡。

这个故事和我们刚学的抽屉原理好像呀！

把两个桃子看作两个抽屉，三名勇士放进去，总会有至少两个勇士共享一个抽屉。但对于当时的勇士来说，是不能接受共享一个抽屉的。所以悲剧就无法避免了。

对的，这就是抽屉原理。

抽屉原理是由德国数学家狄利克雷最早提出来的，因此，也称狄利克雷原理。它在生活中有着广泛的应用。

65

我想起了趣趣的一件糗事，也跟抽屉原理有关。

我能有啥糗事？

有一天晚上停电，你着急出门，穿错了袜子。还是我给你出主意，你才用最快的速度配好了一双袜子。

创创，你快说说你是怎么帮他配好袜子的。

趣趣的袜子就三种颜色：白色、灰色、蓝色。所以，我让他拿 4 只袜子到外面，借路灯配好了一双同颜色的袜子。

把三种颜色看作三个抽屉，4 只袜子放进去，总有一个抽屉里至少有 2 只袜子，也就有了 2 只同颜色的，这样就配好了一双袜子。

为什么拿 4 只就能配好一双同颜色的袜子？

抽屉原理真有趣！

　　抽屉原理在生活中非常常见。比如在我们的衣柜里，通常有多个抽屉用来存放不同种类的衣物。根据抽屉原理，如果我们有更多的衣物超过了抽屉数量，那么总有一个抽屉里至少有两种衣物。书架也是一个很好的例子。我们通常在书架格子里存放书籍。如果我们的书籍超过了格子的数量，那么至少有一个格子里会放置多本书。

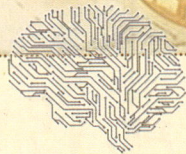

数 学 脑 洞

一起来玩摸球游戏吧！有 1 个袋子，里面装着大小和材质都一样的球，其中红色、黄色、蓝色球各 5 个，绿色球 8 个。

（1）至少摸出（　　）个球才能保证有 2 个球的颜色相同。

（2）至少摸出（　　）个球才能保证有 2 种不同颜色的球。

（3）至少摸出（　　）个球才能保证有 1 个蓝色球。

（4）每次摸出 2 个球，至少要摸（　　）次才能保证有 2 次所摸的结果是一样的。

答案：

（1）有四种颜色，最不利的情况是每种颜色都摸到一个，再摸一个就会出现 2 个颜色相同，4+1=5（个）。

（2）最不利的情况是一直摸同一种颜色，就看数量最多的绿色球，有 8 个，摸第 9 个时，就能出现第二种颜色了，8+1=9（个）。

（3）最不利的情况是其他颜色都摸完了才摸蓝色，5×2+8+1=19（个）。

（4）每次摸出 2 个球，出现的结果有：颜色相同的，有 4 种；颜色不同的，一共有 3+2+1=6 种（AB，AC，AD，3 种；BC，BD，两种；CD，1 种）；一共有 10 种结果。要保证有 2 次所摸的结果相同，至少要摸 10+1=11（次）。

69

9 玩转馒头谜题

嵩山少林寺创建于北魏太和十九年（公元 495 年），地处中原腹地，交通发达，与都城洛阳隔山相望，是中国禅宗祖庭。

一百馒头一百僧，大僧三个更无增，小僧三人分一个，大小和尚得几人？

"百僧分馍"问题最早记录在我国明代珠算家程大位的名著《算法统宗》里。

少林功夫真是了不起！

来到少林寺，我想起了一道数学名题——百僧分馍问题。

快给我们讲讲！

是一百个和尚分一百个馒头的意思吗？

是的，这道题目的意思是：一百个和尚分一百个馒头，大和尚一人分三个，小和尚三人分一个，正好分完。问大、小和尚各几人？

一人分一个不就好了。

要是像你这么分，这个问题还能成为数学名题流传至今吗？

是因为小和尚肚子小，吃不了一个吗？

嘿嘿，也是，那就仔细分析一下题目吧。

100 个和尚刚好把 100 个馒头分完，3 个小和尚共吃一个馒头，所以小和尚的人数应该是 3 的倍数。

没错，解决问题之前都需要先审题。

大和尚人数 + 小和尚人数 = 100（人）

大和尚人数 × 3 + 小和尚人数 ÷ 3 = 100（个）

小和尚人数	3	6	9	12	15	……	75
大和尚人数	97	94	91	88	85	……	25
需要馒头数量	292	284	276	268	260	……	100
和 100 个馒头比较	多 192	多 184	多 176	多 168	多 160	……	正好

-8 -8 -8 -8

需要馒头数量：小和尚人数 ÷3+ 大和尚人数 ×3

我们可以用"列表法"试试。

通过列表法，我们可以得到大和尚 25 人，小和尚 75 人。

对的，3 个大和尚要吃 9 个馒头，3 个小和尚只要吃一个馒头，相差 8 个。

在列表过程中我们可以发现"每次增加 3 个小和尚，减少 3 个大和尚，需要的馒头数量都会减少 8 个"，你知道这个 8 是怎么来的吗？

是因为 3 个大和尚换成 3 个小和尚吗？

73

（1）假设100人全是大和尚。
需要馒头：100×3=300（个）

（2）和馒头的实际数量相差：
300－100=200（个）

（3）推理：因此，需要将部分大和尚换回小和尚，每3个大和尚换回3个小和尚可以使所需馒头减少3×3－1=8（个）

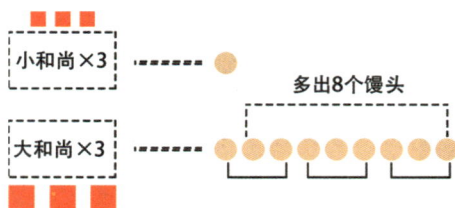

小和尚×3

大和尚×3

多出8个馒头

则大和尚换回小和尚共需换： 200÷8=25（次）

（4）小和尚人数：25×3=75（人）
大和尚人数：100-75=25（人）

这个分馒头问题还可以用假设法。

假设法？

假设法和列表法都能解决这个问题。

还可以用"分组法"。

从图中我们可以知道，1个大和尚和3个小和尚刚好吃了4个馒头，也就是4个和尚吃4个馒头。如果四个馒头为一份，也就有25份馒头，就有25组这样的"1个大和尚加3个小和尚"，所以大和尚总共有25人，小和尚总共有75人，这样计算简便多了！

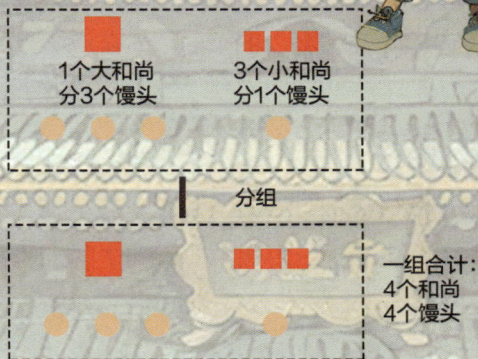

1个大和尚
分3个馒头

3个小和尚
分1个馒头

分组

一组合计：
4个和尚
4个馒头

100÷（1+3）=25(组)

1×25=25（人）……大和尚人数

3×25=75（人）……小和尚人数

你们都太棒了，找到这么多方法。

　　"百僧分馍"出自明代程大位的《算法统宗》。该书全称《新编直指算法统宗》，是一部应用数学书。在中国古代数学的发展过程中，《算法统宗》是一部十分重要的著作。它流传广泛，对明末以至清代民间数学知识的普及与中国古算知识的继承均有不容忽视的作用。

数 学 脑 洞

用你喜欢的方法解决以下几个问题吧!

1. "一千官军一千布,一官四尺无零数;四军才分布一尺,请问官军多少数?"(出自《算法统宗》)(意思是:一千名官兵分一千尺布,一名军官分四尺,四名士兵分一尺,正好分完,军官和士兵各有几人?)

2. 九头鸟有九头一尾,九尾鸟有九尾一头。现有一群九头鸟、九尾鸟,共有头 580 个、尾 900 条。问:九尾鸟有多少只?九头鸟有多少只?

答案：

1.

分组法：

1000÷（1+4）=200（组）

1×200=200（人）……军官人数

4×200=800（人）……士兵人数

2.

假设法：

（1）假设 900 条尾巴全是九尾鸟的尾巴。

则头的数量为：900÷9 = 100（个）

（2）比较：580 － 100 = 480（个）

（3）推理：头的数量少了，需要把一部分九尾鸟换成九头鸟。为了保证尾数不变，交换时只能用一只九尾鸟交换九只九头鸟。每把一只九尾鸟换成九只九头鸟，头数增加：9×9 － 1 = 80（个）。要增加 480 个头，则需要交换：480÷80 = 6（次）。

（4）计算：9×6 = 54（只）……九头鸟

100 － 6 = 94（只）……九尾鸟

图书在版编目（CIP）数据

数学悦读奇幻之旅. 12, 迷人的黄金分割 / 本书编写组编著. -- 南昌：百花洲文艺出版社, 2024.6. -- ISBN 978-7-5500-5679-4

Ⅰ. G624.503

中国国家版本馆CIP数据核字第20249MV082号

数学悦读 奇幻之旅 12 迷人的黄金分割

SHUXUE YUE DU QIHUAN ZHI LÜ 12 MIREN DE HUANGJIN FENGE

本书编写组　编著

出 版 人　陈　波
策划编辑　赵　霞
责任编辑　嵇福平　汪茜曦
视觉设计　〰山海观
绘　　画　杨芷欣　余艺歆　李佳琳　喻泽鹏
版式设计　姜海川
出版发行　百花洲文艺出版社
社　　址　南昌市红谷滩区世贸路898号博能中心Ⅰ期A座20楼
邮　　编　330038
经　　销　全国新华书店
印　　刷　江西骁翰科技有限公司
开　　本　787 mm×1092 mm　1/16
印　　张　5
字　　数　50千字
版　　次　2024年6月第1版
印　　次　2024年6月第1次印刷
书　　号　ISBN 978-7-5500-5679-4
定　　价　32.00元

赣版权登字　05-2024-133

邮购联系　0791-86895108
网　　址　http://www.bhzwy.com
图书若有印装错误，影响阅读，可与承印厂联系调换。